# SPANISCH SCHIMPFEN

Klaus Humann

# SPANISCH SCHIMPFEN

**Beleidigungen, Flüche, Sauereien**

**Mit landesüblichen Unflätigkeiten von Santiago Pérez Garcia**

Eichborn Verlag

Umschlaggestaltung: Dö VanVolxem unter Verwendung
einer Zeichnung von Matthias Siebert.
Gesamtproduktion: Fuldaer Verlagsanstalt GmbH, 36003 Fulda.
ISBN 3-8218-1971-5.
Verlagsverzeichnis schickt gern:
Eichborn Verlag, Kaiserstraße 66, D-60329 Frankfurt am Main

# Inhalt

# Vorbemerkung

Unser Urlaub ist auch nicht mehr das, was er (vielleicht?) einmal war. Statt dem Gast die schönsten Wochen des Jahres zu schenken, versucht die eingeborene Bevölkerung diesseits und jenseits des Äquators ständig, den Fremden (Frauen eingeschlossen) nach Strich und Faden auszunehmen. Und das Gemeine dabei ist: Wir können uns nicht wehren. Obwohl wir sonst nicht aufs Maul gefallen sind, wenn es darum geht, zu Hause den Autoritäten und denen, die sich dafür halten, Paroli zu bieten, stottern wir nur rum, suchen nach Worten und sind – jede(r) kennt das – ohne jede Chance, unserem Gegenüber über den Mund zu fahren.
Damit ist es fortan vorbei. Es gibt »SPANISCH SCHIMPFEN«. Auch im Urlaub kämpfen können, nicht länger wehrlos sein müssen, sich nicht länger Mackern und Matronen ausliefern müssen, endlich gegenhalten können, Druck machen oder bloß Dampf ablassen – das ist unser Ziel. Denn wenn schon die Erholung im Eimer ist, wollen wir uns doch wenigstens an den schönsten Streit dieser kostbaren Wochen erinnern können. Bravo, wollen wir wieder sagen können, tapfer, alter Junge, altes Mädchen, denen hast du es aber gegeben. Ändern wirst du sie zwar nicht, aber sie dich wenigstens auch nicht. Nicht dieses Mal.
»SPANISCH SCHIMPFEN« führt Euch in 17 typische wie traumatische Urlaubssituationen ein und gibt Euch Sätze an die Hand, mit denen Ihr zurückschlagen könnt: gnadenlos und unerbittlich. Da, wo auf Grund Eurer Frechheiten Gefahr drohen könnte, haben wir einen Totenkopf ( ☠ ) danebengesetzt. Dennoch müßt Ihr auch bei den anderen Schimpfkanonaden damit rechnen, nicht gerade liebevoll

behandelt zu werden. Und am Ende des Buches haben wir die Standardausdrücke der Unflätigkeit zusammengestellt: »Basisschimpfen von A(asgeier) bis Z(imtzicke).« Damit könnt Ihr Euch in Notwehrsituationen und solchen, die darauf hinauslaufen könnten, mit geringen Sprachkenntnissen phantasievoll zur Wehr setzen. Ihr werdet sehen: Die Achtung vor dem Gast wird steigen, und Euer Gefühl permanenter Unterlegenheit wird dahinschmelzen wie die Eiswürfel in Eurem zu warmen Gin Tonic. Wie Ihr Euch dagegen wehrt, könnt Ihr im Kapitel »Die Nacht zum Tag machen. In der Disco« nachschlagen.

*Klaus Humann*

# Gestik

***1. Die Faust schließen, Zeigefinger und kleinen Finger ausstrecken. Das sind »die Hörner«. Damit sagt man einem anderen «cornudo» oder «cabrón», was ungefähr soviel wie »Arschloch« oder »gehörnt« bedeutet. Kinder benutzen dieses Zeichen oft; sie sind noch naiv und unverheiratet. – Unter Erwachsenen ist diese Geste sehr gefährlich. Man beschimpft damit gleichzeitig die Frau (Dirne) und den Mann, der seiner Frau dieses unsittliche Verhalten erlaubt.***

*2. Die Faust schließen und den Mittelfinger ausstrecken. Gleichbedeutend mit «Vete a tomar por (el) culo/saco.» (»Leck mich am Arsch« oder wörtlich: »Geh und laß dich ficken.«)*

*3. Den Arm in Richtung des Kontrahenten ausstrecken, mit der linken Hand in die rechte Armbeuge schlagen und die rechte Faust hochschnellen lassen. Das bedeutet: «Vete a tomar por culo» oder «No hay quien se lo crea / A otro perro con es hueso.» (»Das kann ich nicht glauben.« / »Damit kannst du keinen Hund hinter dem Ofen hervorlocken.«)*

*4. Die Faust ballen und zwei- oder dreimal so hin- und herbewegen, als wollte man sich an die Brust klopfen. Das bedeutet: «Jódete!» (»Der Schlag soll dich treffen!«).*

*Santiago Pérez Garcia*

PS: Wem am vorletzten Tag nach Versöhnung zumute ist und wer wenigstens dann Frieden mit der Welt schließen will, für den/die gibt es »LIEBESSCHWÜRE SPANISCH«. Gleiche Ausstattung, gleicher Preis, dreifacher Wiedergutmachungswert.

# Gelandet.

## Am Flughafen

Du hast es geahnt: Wieder einer der Urlaube, die schon am Tag des Abflugs falsch laufen. Erst hat die Maschine reichlich Verspätung, und als ihr, müde und ausgelaugt, ankommt, ist das Gepäck irgendwo, nur nicht dort, wo ihr es haben wollt. Und die wackeren Männer vom Zoll lassen sich diesmal beim Filzen besonders viel Zeit.

| | |
|---|---|
| **Da kannst du suchen, bis du schwarz wirst** | Puedes buscar ahí hasta que las ranas críen pelo |
| **Schmeiß den Wisch schon rüber** | Trae acá de una vez el papelote |
| **Wann krieg ihr denn mal endlich eure Beamtenärsche hoch?** | ☠ ¿Es que hoy no váis a despegar el culo, so burócratas? |
| **Bei euch ist heute wohl die Kacke am Dampfen?** | Desde luego, hoy no dáis ni una |

**Heller Wahnsinn, das!** ¡Vaya chorrada¡!

**Sitzt du auf deinen Ohren, oder willst du mich nicht verstehen?** ¿No te has lavado las orejas o te estás haciendo el loco?

# Blick ohne Meer.

## Im Hotel

Müde seid ihr, wollt nur noch schlafen. Zuerst hört es sich noch wie ein Witz an, als der Mann an der Rezeption nichts von eurer Buchung weiß. Kann ja schließlich jedem mal passieren. Doch dann läßt er sich erweichen. Nur daß das Zimmer wenig mit dem zu tun hat, was euch der Veranstalter in seinem Prospekt erzählt hat.

| | |
|---|---|
| **Das darf doch wohl nicht Ihr Ernst sein** | Ud. está de cachondeo ¿no? |
| **»Antike Einrichtung« ist ja wohl noch geschmeichelt** | Lo de «mobiliario clásico» es una pasada / de coña |
| **Unsere Matratzen sind total versifft** | Los colchones están para echar la pota |
| **Ihre Leute gehören wohl auch zur Null-Bock-Fraktion?** | ¿También su gente son de/los que no pegan palo al agua/los que se tocan el bolo? |

**Diese Miefbude hier nennen Sie im Ernst Zimmer?**

¿Es en serio lo de llamar «habitaciŏn» a ésta/ pocilga/cochiquera? («habitaciŏn» ironisch aussprechen)

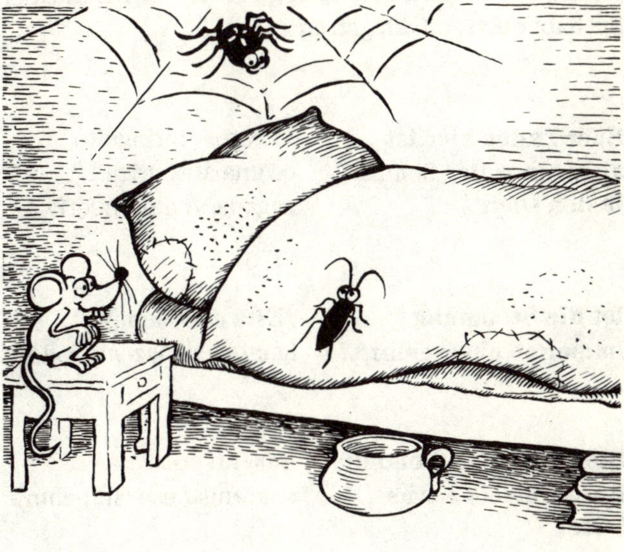

**Vollkommen vergammelte Bruchbude**

Cuchitril completamente putrefacto

# Mit Eis, bitte!

## An der Bar

Ist schon das Zimmer nicht das Gelbe vom Ei, so sollte euch die hauseigene Bar wenigstens verwöhnen. Nach der Devise: Drinks vom Feinsten und eine Musik, zurückhaltend und zugleich anmachend. Aber ihr habt euch zu früh gefreut.

| | |
|---|---|
| **Euer Laden hier ist aber ein voller Schuß in den Ofen** | Vuestro chiringuito es/una auténtica cagada/una porquería |
| **Ist die Stimmung immer so abgeschlafft?** | ¿Está esto siempre igual/de coñazo/de rollo? |
| **Stellt doch bloß mal die Katzenmusik etwas leiser** | Baja un poco/esa charanga/ ese chin-chin |
| **Ach, rutscht mir doch alle den Buckel runter** | ¡No me toquéis los cojones! |

**Mein Bier schmeckt echt nach eingeschlafenen Füßen**

Mi cerveza sabe a pis de vaca

# Wissen, wo es langgeht.
# Im Fremdenverkehrsamt

Ob du es willst oder nicht – irgendwann am Anfang des Urlaubs landest du bei den unvermeidlichen Fremdenführern und läßt dir Stadtpläne und Prospekte der Sehenswürdigkeiten in die Hand drücken: rührende Bilder, sperrige Texte, unzuverlässige Wegbeschreibungen und falsche Öffnungszeiten.

| | |
|---|---|
| **Kann man sich hier gegen Nepp versichern lassen?** | ¿Puede uno asegurarse aquí/contra timos/contra estafas? |
| **Sie sind wohl alle völlig von der Rolle** | ☠ Aquí/son todos Uds. de la misma calaña/Son todos Uds. una panda de chorizos |
| **Lassen Sie bloß mal Ihr Rumgesülze** | ¡Corte el rollo!/¡No me de la paliza! |
| **Bin ich hier am Arsch der Welt, oder was?** | ¿Es que ésto es el culo del mundo, o qué? |

**Ihre sogenannte »Promenade« soll wohl ein Witz sein, wie?**

Lo de «avenida»/es de cachondeo / va de coña/, ¿no?

**Wo finde ich in diesem Drecksnest bloß ein gutes Restaurant?**

Simplemente: ¿dónde puedo encontrar en este poblacho (de mierda)/un buen restaurante?

**Ich verstehe leider nur Bahnhof**

No entiendo/ni jota/ni leches

# Wolkenlos und Wolkenbruch.

## Das Wetter

Überall auf der Welt das Thema Nummer 1 ist – nein, das nicht – das liebe Wetter. Entweder ist es zu heiß oder zu kalt oder zu windig oder zu stickig oder einfach zu – normal. Eben nie, wie man es gern hätte.

| | |
|---|---|
| **Scheißwetter!** | ¡Mierda de tiempo!/ ¡Jodí(d)o tiempo! |

| | |
|---|---|
| **Heute regnet es mal wieder Bindfäden** | Hoy también llueve a cántaros./Hoy también jarrea |
| **Wenn das noch lange so weitergeht, flippe ich aus** | Como ésto siga así mucho,/me vuelvo loco, a |

| | |
|---|---|
| **Affenhitze!** | ¡Qué jodi(d)a/! ¡Vaya tosta(d)era/chicharrera! |

| | |
|---|---|
| **Das ist ja bald nicht mehr zum Aushalten** | Esto ya/no hay quién lo aguante/no lo aguanta ni Dios. |
| **Ich glaub', ich krieg 'nen Föhn!** | Estoy viendo visiones (doble). |

# Die heimische Küche.

## Im Restaurant

Essen gehen in der Fremde ist wie eine Bergwanderung mit verbundenen Augen – eines der letzten Abenteuer. Aber darauf ist der erfahrene Tourist eingerichtet. Doch wie leicht schlägt Gastfreundschaft – zumal in der Hochsaison – um in Bauernfängerei. Und da geht das Abenteuer erst richtig los.

| | |
|---|---|
| **Sie wollen uns wohl verarschen, guter Mann?** | Se está pasando con/nosotros,/tío |
| **Sollen wir diese salzige Pampe essen?** | ¿Que nos comamos esta/ masa/plasta salada? |
| **Das Fleisch ist zäh wie 'ne Schuhsohle** | La carne está (dura) como una (jodía) suela |
| **Die Rechnung ist ja wohl der Gipfel!** | ¡Vaya clavo de cuenta! |

**Total vergammelter Fraß, eure »Spezialität des Hauses«**

El «Rancho completamente putrefacto» es la especialidad de la casa, ¿no?

# Allein unterwegs.

## Er fühlt sich angemacht

Was ist ein Urlaub ohne die schnelle Eroberung am Strand oder den heißen Flirt beim Abendessen. Meist endet das aber nicht wie im Märchen, und manche Urlaubsbekanntschaft verliert ihren Glanz, bevor zu Hause die Urlaubsfotos abgezogen sind.

| | |
|---|---|
| **Laber mich doch nicht in einer Tour voll** | No me des/la plasta/la paliza./No me marees |
| **Du gehst mir auf die Eier** | Me estás/tocando/ hinchando/los cojones/los huevos |

| | |
|---|---|
| **Heute siehst du aber fix und foxi aus** | Hoy estás hecha una ruina |

**Du klebst an einem wie 'ne Klette**

Te pegas a uno como una lapa

**Alte, du nervst echt**

Tía, me atacas los nervios

**Kannst du nicht einmal die Luft anhalten?**

¿No puedes callarte el pico?

# Allein unterwegs.
# Sie wird angemacht

Die Reise, auf der frau unterwegs nicht angemacht wird, muß wohl noch erfunden werden. Auch bei strahlender Sonne, gekühlten Getränken und charmanten Komplimenten kann das der Einsamsten auf den Zeiger gehen.

| | |
|---|---|
| **Du bist ja noch grün hinter den Ohren** | Eres todavía/un pipiolo/un yogurín |
| **Mach dich selten!** | ¡Lárgate! ¡Esfúmate!/ ¡Puerta! |

| | |
|---|---|
| **Nimm deine unegalen Pfoten da sofort weg** | ¡Quítame/las patas/las zarpas/de encima ahora mismo! |

| | |
|---|---|
| **Was bildest du dir bloß ein, du aufgeblasener Gockel?** | Pero, ¿qué (coño) te has creído, so chulo (de mierda)?!! |
| **Kehr bei mir bloß nicht den Macker raus** | No te las des de macho conmigo |

| | |
|---|---|
| **Deine Anmache kotzt mich echt an** | Me vas a hacer echar la pava con tanta/chorrada/ gilipollez |

# Rundfahrt mit Pinkelpause.

## Im Bus

Sehen wollt ihr was von der Gegend, und teuer soll es auch nicht sein. Ist es ja auch nicht, aber doch teuer erkauft.

| | |
|---|---|
| **Du fährst wie eine gesengte Sau** | Conduces/como una cabra/como un pira(d)o./Vas vena(d)o |
| **Du hast wohl einen an der Waffel** | A tí te falta un tornillo |

| | |
|---|---|
| **Die Karre fällt bestimmt gleich auseinander** | Seguro que la tartana ésta/se cae a pedazos/se escojona entera |

**Wohl noch nie was vom »Dienst am Kunden« gehört?**

Tú no te has enterado de lo que significa «atención al cliente», ¿no?

**Mit dem Fahrer habe ich wohl das große Los gezogen**

Creo que me saqué el gordo con el conductor

# Auf eigene Faust.

## Die Autoverleiher

Euer Hotel liegt zu weit vom Strand weg, und eure Kinder bestehen darauf, jeden Tag alle Spielsachen mitzunehmen. Da bleibt euch nur der Autoverleih, und die Leute da wissen, wie unentbehrlich sie sind.

| | |
|---|---|
| **Sie wollen uns doch wohl nicht diese Rostschleuder unterjubeln?** | No me diga que nos quiere endilgar/esta cafetera/este trasto/este cacharro/este armatoste |
| **Ihr habt aber gesalzene Preise** | Tenéis unos precios de la hostia |
| **Ihr wollt uns Touristen wohl ausnehmen wie 'ne Weihnachtsgans?** | ¿Os creéis que los turistas somos la gallina de los huevos de oro, o qué? |
| **Von wegen Kratzer. Nun mach dir mal nicht ins Hemd** | Respecto a los rasponazos, no te cagues en los pantalones |

**Man hat Sie als Kind sicher zu heiß gebadet**

¿Qué pasa, tiene un trauma?

## Kultur tanken.

# Das Museum am Ort

Was ist gutes deutsches Tourist, das braucht Kultur. Besonders in der Fremde. Davon habt ihr ganz genaue Vorstellungen. Wie froh seid ihr deshalb, daß euer Kaff auch mit einem solchen „Kulturinstitut“ gesegnet ist.

**Ich glaube, es geht los** — ¡Qué mala pata!/¡Qué mala folla!

**Weiß deine Großmutter, daß ihr ganzer Plunder jetzt hier hängt?** — ¿Sabe tu abuelita que tenéis aquí colgada/toda su cacharrería / todos sus cachivaches?

**Diese trüben Funzeln sollen wohl eure Spotlights sein?** — Esas lamparillas deben ser el luminoso

**Mickriges Kunstgewerbe! Damit können Sie doch keinen Hund mehr hinter dem Ofen hervorlocken**

¡Vaya birria de arte industrial! Con eso ya no das el pego a nadie

**Diese Schinken hier an den Wänden sollen wohl Kunst sein?**

¿Estos churros que hay aquí en la pared se supone que son arte?

# Burgen, Cremes und Liegestühle.
## Am Strand

Der heimische Baggersee setzt den Standard, und alles, was sich in der Fremde „Strand" nennen darf, muß dagegen abfallen.

**Ihr seid hier aber überhaupt nicht auf Zack**

No os lo sabéis montar/¡Qué mal os lo montáis!

**In dieser Kackbrühe kann man ja wohl unmöglich baden**

En esta sopa de mierda no hay cristiano que se bañe

**Wollt ihr uns etwa für dumm verkaufen?**

¿Es que nos queréis tomar el pelo?/¿Nos quieres meter el dedo en la boca o qué?

**Ist das hier die Müllkippe oder der Strand?**

¿Esto qué es: el vertedero o la playa?

# Die Nacht zum Tag machen.

## In der Disco

Wenn ihr schon der Musik wegen nachts in eurem Hotel nicht zur Ruhe kommt, dann wollt ihr wenigstens auch einmal dabeisein. Aber wenn, wie schon befürchtet, die Musik sich auf dem kleinsten gemeinsamen Geschmacksnenner einpendelt, dann seid ihr auf einmal nicht mehr so sicher, ob eure Entscheidung richtig war.

| | |
|---|---|
| **Dieser Labberkram soll Gin Tonic sein?** | ¿Estas babas son un gin-tonic? |
| **Hier ist heute abend aber total tote Hose** | Esto parece un velatorio |

| | |
|---|---|
| **Selten so öde Musik gehört** | Pocas veces había oído una música/tan coñazo/ tan plomo |

**Mach bloß nicht so einen Aufstand wegen der Sperrstunde, du Spießer**

Oye, pardillo, no te pongas borde con la hora de cierre

**Was ist denn das für ein Bumslokal hier?**

Pero, ¿qué clase de putiferio es éste?

# Souvenirs, Souvenirs.

## Beim Einkaufen

Ansprüche haben die Zurückgebliebenen! Als ob sie nicht genug Tinnef zu Hause hätten, muß es trotzdem noch ein Mitbringsel von der Reise sein. Die Stange zollfreier Zigaretten zählt da nicht.

**Von wegen reine Baumwolle. Wollen Sie mich für dumm verkaufen?**

Sobre lo de «Algodón puro 100 %» (cien por cien): ¿Me está tomando el pelo? Man kann sich auch auf die Stirn zeigen und fragen: «¿Pone aquí gilipollas, o qué?» (Steht hier drauf »dumm« oder was?)

**Für den Fummel wollen Sie mir auch noch Geld abknöpfen?**

Y por este trapo todavía querrá pegarme un sablazo . . .

**Das gehört wohl auf den Sperrmüll und nicht hier in den Laden**

El sitio de ésto es el cubo de la basura y no un comercio

**Diese Preise sind echt frech**

Estos precios son/una pasada/una clavada/un robo

**Was kostet der Scheiß bei euch?**

¿Cuánto cuesta aquí esta mierda?

**Können Sie Ihre Leute nicht mal 'n bißchen auf Trab bringen?**

¿No puede hacer que su gente espabile un poco?

# Wehwehchen unterwegs.

## Arztbesuch

Einer von euch hat sofort 'ne Sonnenallergie, und du kommst einfach nicht mit den fremdländischen Gewürzen zurecht. Was bleibt, ist, sich dem Quacksalber am Ort auszuliefern.

**Sie spannen wohl gar nicht, was ich Ihnen da verklickern will?**

No se figura lo que le voy a contar

**Sie sind ein elendiger Kurpfuscher**

Ud. es un jodi(d)o matasanos/curandero

**Aber hier ist doch alles entzündet Haben Sie denn Tomaten auf den Augen?**

Pero si esto está desollado. ¿Es que tiene los ojos en el cogote?

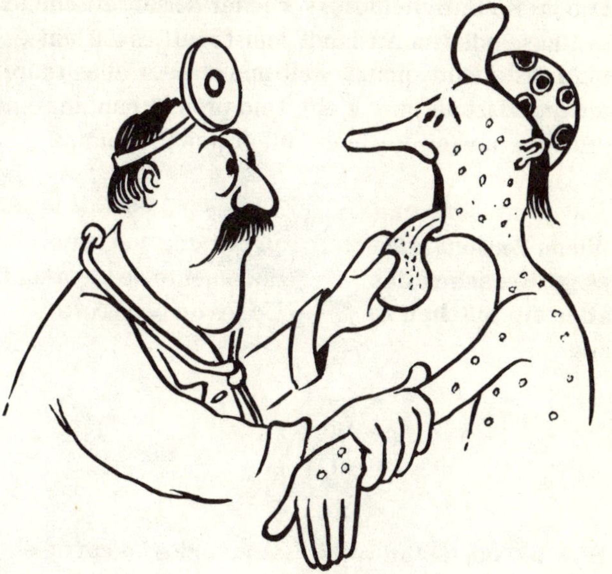

**Sie machen mich noch ganz krank**

Me pone malo

**Aua! Sie haben wohl nicht alle Tassen im Schrank?**

¡Ay! ¿Está Ud. mal de la cabeza?

# Keine Kohle an Bord.

## Auf der Bank

Die große Entscheidung vor jeder Reise: Tausche ich zu Hause oder im Ausland? Meist läuft es auf ein »sowohl als auch« hinaus, weil mal wieder alles teurer geworden ist als im Vorjahr. Und prompt habt ihr eine Pflichtveranstaltung mehr auf eurem Programm.

**Wieso Personalausweis? Sie sehen das alles ein bißchen zu eng**

¿Qué tiene qué ver el documento de identidad? Ud. es un poco corto

**Hier bei euch sind wohl nur Transusen beschäftigt?**

Aquí todos los curritos sois una panda/de mantas/de vagos

**Nun mal halblang. So was nennen Sie »guter Kurs«?**

Pare el carro/Eche el freno, macareno ¿A ésto llama Ud. «buen cambio»?

**Ich glaube, mein Glas-auge hat 'nen Sprung**

Lo veo y no lo creo

**Schieb schon den Schotter rüber, alter Geizknochen**

Trae aquí la/pasta/el parné/las pelas, rata/usurero/usmia

# Deine Freunde, deine Helfer.
## Die Polizei

Die Staatsgewalt ist allgegenwärtig. Je heißer der Sommer, desto prächtiger ihre Uniform. Man kann ihnen alles mögliche vorwerfen, nur nicht, daß sie ein Herz für Touristen hätten.

| | |
|---|---|
| **Dumm geboren und nichts dazugelernt** | ☠ Más tonto y no nace./Cuanto más grande, más bobo |
| **Quatschen Sie mich nicht von der Seite an!** | ¡No me de/el coñazo/la tabarra! |
| **Ihr habt hier wohl alle 'ne Vollmeise?** | ☠ Aquí estáis todos mal/la azotea/del tarro/ del coco |
| **Ist mir doch scheißegal, ob hier Parkverbot ist** | Me la suda/Me la trae floja/Me importa tres cojones/que esté prohibido aparcar aquí |

**Ihr seid doch alles verkappte Faschisten!**

☠ ¡Todos vosotros sois fachas disfrazados!

ACHTUNG! Warum so viele Totenköpfe auf dieser Seite? Einfach: Die spanische Polizei mag keine Witze. Wahrscheinlich ist das überall gleich, aber man muß immer warnen.

# Basisschimpfen von A(asgeier) bis Z(imtzicke)

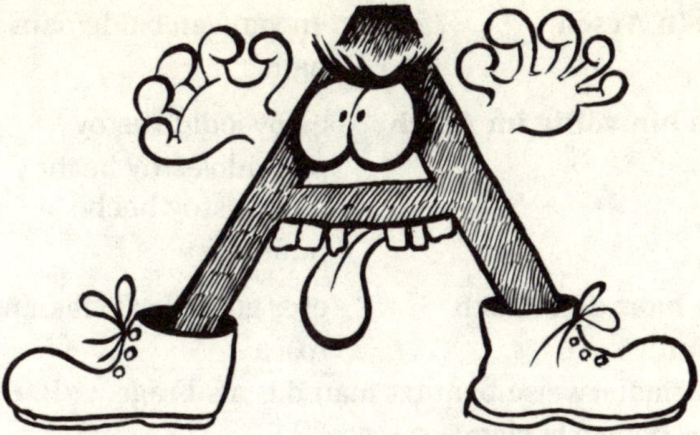

| | |
|---|---|
| **Aasgeier** | agarrado/buitre/vata/ usurero/usmia |
| **ätzend** | asqueroso |
| **Alte** | 1) tía (für alle Frauen, umg.) Hey, Alte! – Oye, tía<br>2) vieja (meine Alte – mi vieja = mi madre) |
| **Angeber** | farolero/fantoche |
| **Armleuchter** | gilipollas/capullo |
| **Arschloch** | cabrón/hijoputa |
| **Arschficker** | maricón/porculizador/ bujarrón |
| **verfluchter Arschkeks** | cabrito/mamón |

| | |
|---|---|
| **für'n Arsch** | en vano/en balde/para nada |
| **Ich bin völlig im Arsch** | estoy jodido/estoy puteado/estoy hecho polvo/estoy hecho la puñeta |
| **Du hast den Arsch offen** | eres gilipollas/la mamas a rosca |

(Normalerweise benutzt man das als Frage, z. B. «¿Tú eres bobo o la mamas a rosca?»)

| | |
|---|---|
| **Leck mich am Arsch** | ¡Vete a tomar por el culo!/¡Vete a tomar por el saco!/¡Tócame los huevos! |
| **sich aufgeilen** | calentarse/ponerse cachondo/ponerse a tope/ponerse a cien |

| | |
|---|---|
| **breit sein** | estar/pedo/cocido/ mamado haber cogido/ una cogorza/ma curda/ ma trompa/ma merluza/ ma tajada |
| **Backpfeifengesicht** | caraculo/caracandao |
| **beinhart** | tozudo/cabezón/ machaca/duro (auch z. B. für einen Fußballspieler: carnicero/asesino/ rompehuesos) |
| **sturer Bock** | cerrado/cabeza dura |
| **geiler Bock** | viejo verde |

| | |
|---|---|
| **Bruchbude** | cuchitril/antro/leonera |
| **Bullenschwein** | poli/poli de mierda<br>☠ madero |
| **bumsen** | follar/joder/echar un polvo/plantar una vara |
| **Bumslokal** | tasca/tascucio/ chiringuito (man kann dazu «de mierda» oder «de mala muerte» sagen, um den Satz zu verstärken) |

| | |
|---|---|
| **Chaot** | pirao |

| | |
|---|---|
| **Drecksack** | arrastrado/zafio/tirado |
| **Dösbaddel** | panoli/gilipollas/capullo/ imbécil/gilipuertas/ soplapollas |
| **Drecksnest** | poblacho/villorrio |
| **Dummkopf** | tonto/borrico/estúpido/ majadero |
| **dumme Nuß** | inútil/pelele |
| **dumme Pute** | estúpida/tía imbécil |

# E

| | |
|---|---|
| **Eier** | huevos/cojones/pelotas/ bolas/cataplines/la huevada/el huevamen |
| **Esel** | burro/borrico/tonto |

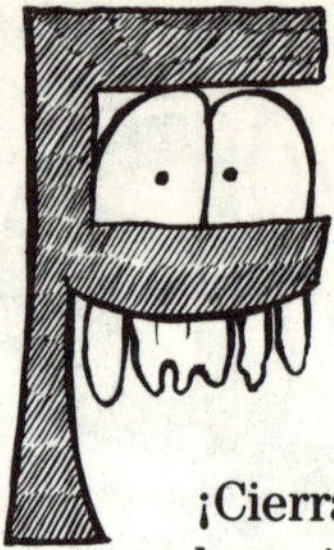

| | |
|---|---|
| **Fresse!** | ¡Cierra el pico!/¡Achanta la mui!/¡Cállate la (puta) boca! |
| **Fettarsch** | culón |
| **ficken** | follar/joder/echar un polvo/echar / meter un rabo/plantar una vara |
| **Fick dich ins Knie!** | ¡Métetela en el culo!/ ¡Vete a joder con tu (puta) madre! ☠ ☠ |
| **Filzlaus** | impertinente/pesado/ meticón/cotilla |
| **Flasche** | inútil/madero (im Sport)/ (ser un) cero a la izquierda |
| **Flatter machen** | largarse/pirárselas/ pirarse/esfumarse/darse el bote/darse el piro/ majarse |

| | |
|---|---|
| **Flegel** | palurdo/basto (ser más basto/que unas bragas de esparto/que un polo de chorizo) |
| **fressen** | papear/zampar/tragar |
| **Fummel** | harapo |
| **Fusel** | aguardiente/orujo |

| | |
|---|---|
| **blöde Gans!** | ¡Vaca tonta!/pava |
| **geil** | ¡Cojonudo!/¡Pistonudo!/ ¡De puta madre!/¡la hostia/la rehostia! |
| **geiles Luder** | ninfómana/calentorra/ folladora/putón (verbenero)/ligera de cascos |

**Gesöff** priva/(wenn man sich auf ein bestimmtes Getränk bezieht, dann: brebaje od. mejunje)

**Giftzahn** metomentodo/cotilla/buscapleitos

**Giftzwerg** atravesado/tener mala leche/tener mala baba/tener mala sangre

**Gruftis** los viejos/los jefes

**Hornochse** capullo/gilipollas/soplapollas

| | |
|---|---|
| **Himmel, Arsch und Zwirn** | ¡Me cago en/la leche/la puta/la hostia!/los cojones!/la puta de oros/la puta de bastos!/el carajo (bendito)! |
| **hirnrissig** | loco/pirao/chalado |
| **Halsabschneider** | mafioso/timador |
| **feiger Hund** | cobarde/cagueta/gallina/caga(d)o/(die Kinder, die überall grausam sind, singen: cobarde, gallina, capitán de la sardina) |

# I

| | |
|---|---|
| **Ich versteh' nur Bahnhof** | No entiendo ni jota/No entiendo ni leches/No me aclaro/No me jalo rosca |
| **Idiot!** | ¡Idiota!/¡Imbécil!/¡Estúpido!/¡Tarado!/¡Anormal! |

| | |
|---|---|
| **kotzen** | echar la pava/cambiar la pela/potar |
| **Korinthenkacker** | agarrado/buitre/usurero/usmia/araña |
| **Kamel** | inútil/bobo/parao |
| **Kanaker** | guiri |
| **Käsequanten** | los quesos/las patas/los pinreles |
| **Knacker** | momia/carroza/fósil |
| **Knalltüte** | inaguantable/intragable |
| **Kotzbrocken** | inaguantable/insoportable/pelma |
| **Kümmerling** | caraculo/aborto |

| | |
|---|---|
| **labern** | cotorrear/pegar la hebra/hablar como un sacamuelas |
| **Lahmarsch** | posma/pachorrudo/ roncero/remolón |
| **lahme Ente!** | tortuga/pachorruda/ (öfter: ¡Qué pachorra tienes!) |
| **linken** | estafar/joder/putear/ hacer la puñeta a alguien |
| **Du Lusche!** | ¡Inútil!/¡Pasmao!/ ¡Pasmarote!/¡Berzotas! |

| | |
|---|---|
| **Macker** | tío/pavo/julas/julai |

**Halt's Maul** — ¡Cierra el pico!/¡Para el carro!

**miefen** — apestar/atufar/heder (konjugiert heißt es «hiede»)

**Nepp** — timo/estafa/clavada/tomadura de pelo

**Nervensäge** — atacante/me atacas los nervios/me pones del hígado

**Nutte** — puta/fulana/guarra

**Penner** — vago/haragán/lirón/pelagatos/Don nadie

| | |
|---|---|
| **Pack** | tribu/peña/basca (für Familie oder Kollege) ralea/calaña (für Leute einer anderen Nationalität oder politischen Gesinnung)/gentuza |
| **Pampe** | masa/plasta |
| **Piefke** | trepa/oportunista |
| **Pisse** | pis/mea(d)os |
| **Verpiß dich!** | ¡Lárgate!/¡Esfúmate!/ ¡Largo! |
| **blöde Pißnelke!** | ¡Chupapollas!/¡Buscona!/ ¡Puta! |
| **plattmachen** | dejar a alguien/ alucinado/pegado/de piedra |

# Q

| | |
|---|---|
| **Quacksalber** | curandero/charlatán/ matasanos |

| | |
|---|---|
| **reihern** | echar el hígado por la boca |
| **Reiß dich am Riemen!** | ¡Controla!/¡Cierra el culo!/¡Aprieta el culo! |
| **rote Sau** | rojo |
| **Rotzfahne** | moquero |
| **Rowdy** | animal/bruto/bestia |
| **Rübe** | el coco/el tarro/la azotea/ la pelota |

| | |
|---|---|
| **fauler Sack** | se toca los cojones/se rasca la barriga/no pega palo al agua/no pega ni sello |

| | |
|---|---|
| **Du gehst mir auf den Sack** | ¡Me estás tocando/los cojones/los huevos/las pelotas/las bolas/las narices! ¡Me estás hinchando/las narices/las pelotas! |

| | |
|---|---|
| **Saftladen** | ruina/chapuza/circo |
| **Sargnagel** | pito/trujas |
| **Saustall** | pocilga/cochiquera/leonera |
| **saufen** | soplar/privar |
| **saumselig** | lento/retrasado/negligente |
| **Scheiße** | ¡Mierda! |
| **schluffig** | desaliñado/indolente |
| **Schnarchsack** | sonámbulo |
| **Klugscheißer** | sabelotodo/listillo/marisabidillo |
| **Scheißspiel!** | Nos/Me metieron el dedo en la boca |
| **Schlampe** | guarra/buscona/mujerzuela/zorra |
| **Schmierentheater** | teatrucho/farándula |

| | |
|---|---|
| **Schnepfe** | putilla/putángana/puta del tres al cuarto |
| **Schwanz** | picha/polla/nabo/carajo/ minga/verga/rabo/bolo/ cimbel/cipote/cebolleta/ chorra/minina/pililila/pito |
| **Schweinepriester** | degenerado/salido/ calentorro |
| **Sense!** | ¡Sanseacabó!/ ¡Y punto! |
| **Siff; versifft** | asqueroso/pringoso/ pringosísimo |
| **Du spinnst wohl!** | ¡Estás/loco/pirao/mal de la cabeza! Estás como una cabra. Te falta un tornillo. Tienes un tornillo flojo |
| **Stinkstiefel** | apestoso/le canta/el aliento/el sobaco/las patas... |
| **Das stinkt mir** | Esto no me gusta/un pelo/ un cagao. Esto me/ jode/joroba/fastidia/ revienta/me hace la puñeta |

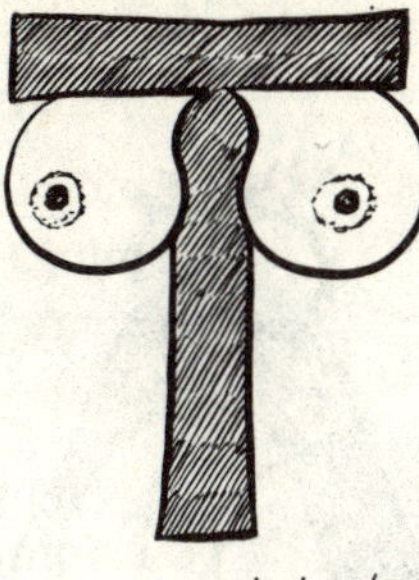

| | |
|---|---|
| **Titten** | tetas/peras/delantera/ pitones |
| **Transuse** | remolona |
| **Trottel** | payaso/capullo |
| **Tussi** | fulana |

| | |
|---|---|
| **vögeln** | follar/joder/chivar |
| **vergammeltes Loch** | nido de ratas/agujero infecto |
| **Vergiß es!** | ¡Olivídalo!/¡Qué más da!/ ¡Déjalo estar! |

| | |
|---|---|
| **Waschlappen** | flojucho//enclenque/un mierda/más flojo que el pelo de un marica |
| **Was geht hier ab?** | ¿Qué coño pasa aquí/¿Qué hostias pasa aquí?/¿De qué va el rollo? |
| **wichsen** | hacerse/una paja/una gayola/meneársela/ cascársela (cascarse una) machacársela |
| **alter Wichser** | ¡Viejo verde!/¡Pajero! |

| | |
|---|---|
| **fauler Zauber** | pamplinas/embuste |
| **Zieh Leine!** | ¡Largo!/¡Vete/a la mierda/al carajo/a tomar por el culo! |
| **Zimtzicke** | histérica |